Segredos para os Influenciadores:
Growth Hacks para Tik Tok

Índice

Guia completo para ganhar seguidores e monetizar o Tok Tik

Uma das redes sociais com maior impacto hoje em dia é a Tik Tok, desde 2019 a sua popularidade não parou de crescer, ultrapassando mesmo todo o tipo de expectativas, esta plataforma é composta por um alvo de jovens dedicados aos adolescentes, já que 80% dos utilizadores têm entre 13 e 25 anos de idade.

O alcance desta rede social fez com que ela se tornasse o alvo de muitos influenciadores, por esta razão, se se pretende construir uma grande presença e conseguir seguidores, é preciso saber em profundidade tudo o que existe por detrás desta rede social para que se possa empreender em grande estilo.

Descubra cada detalhe do Tok Tik

A possibilidade de crescimento pessoal no Tik Tok está nas suas mãos, é uma rede social dedicada a vídeos que se tornou uma das mais descarregadas, por isso hoje em dia é uma grande necessidade obter mais conhecimentos para explorar todas as possibilidades ao partilhar conteúdos originais.

A utilização desta rede social está disponível tanto para Android como iOS, permitindo uma ampla rede de utilizadores activos, que podem desfrutar e partilhar um máximo de 15 ou 60 segundos de vídeos, a sua dinâmica baseia-se numa fusão entre as histórias Instagram juntamente com Snapchat.

No meio desta rede social existe um vasto catálogo de áudio e música de licença livre para que os vídeos possam receber este tipo de animação, bem como a opção de integrar o seu próprio áudio e partilhá-lo para que outros utilizadores possam utilizá-lo nos seus vídeos.

Normalmente a essência desta rede social baseia-se na dublagem e em todo o tipo de cenas, não há limite para comemorar a cena que se pretende com as vantagens desta aplicação, tudo graças às funções que surgem através da inteligência artificial, para começar a desfrutar das formas de gravação.

Existem duas maneiras de gravar no Tik Tok, a primeira é a partir da própria aplicação, para que possa depois abrir o caminho para integrar todo o tipo de efeitos, por outro lado pode também fazer a gravação a partir de outra aplicação para carregar o vídeo a partir da sua própria galeria.

A criatividade não é limitada graças ao grande número de efeitos que podem ser utilizados em vídeos, tais como máscaras, transições e sons, além da utilização de hashtags, onde a visibilidade é ganha para que o conteúdo possa chegar a mais utilizadores, razão pela qual se trata de um meio dedicado ao entretenimento.

Que tipo de vídeos podem ser carregados para o Tik Tok?

A base dos vídeos Tik Tok baseia-se na utilização de filtros, efeitos e outras ferramentas que a própria aplicação fornece, razão pela qual existe uma tal variedade de conteúdos originais, todos podem adicionar o seu próprio toque para gravar vídeos e entre os estilos de gravação mais populares encontram-se os seguintes:

Reprodução

A modalidade deste vídeo é realizar a interpretação de um áudio existente dentro desta aplicação, onde a dinâmica é realizada com uma grande acção de gesticulação de todos os aspectos relacionados com o áudio, de modo que parece que é você que canta, este tipo de vídeo tem uma grande popularidade.

Duet

Uma característica que Tik Tok fornece e é amplamente utilizada é a acção de duetos, com outro utilizador pode criar conteúdo, tudo o que tem de fazer é seleccionar o vídeo do outro utilizador, para gravar o vídeo reagindo ao que escolheu, dessa forma ambos os vídeos aparecerão no ecrã ao mesmo tempo.

Lento-moção

Através deste tipo de vídeo obtém-se uma grande alternativa muito conhecida dos adolescentes, o efeito é gravar em câmara lenta, isto juntamente com o áudio ideal para esse tipo de gravação, esta é uma opção de gravação um pouco complexa, por isso Tik Tok valoriza-os na página recomendada.

Interpretação

Há muitos tipos de vídeos de performance no Tik Tok, os que causam a melhor visibilidade na rede social são os cómicos, seja através de uma piada ou de uma história inventada, o importante é que a narração possa ser feita de forma exagerada para que este tipo de carisma possa envolver outros.

Dicas / ensino

A comunidade Tik Tok é apaixonada pela aprendizagem, por isso, ultrapassar a competição é uma forma ideal de explicar rapidamente sobre um tópico, mantendo ao mesmo tempo o papel divertido, ideal para partilhar receitas e também para gerar uma crítica de um filme favorito.

A popularidade do Tok Tik

A atenção que uma rede social como a Tik Tok fornece baseia-se no seu foco em tudo o que lhe interessa, o seu funcionamento estende-se inteiramente à secção favorita, dando aos utilizadores a vantagem de se verem livres de conteúdos desagradáveis.

Os poderes do Tok Tik permitem-lhe seleccionar a opção "Não interessado" durante muito tempo, enviando assim um sinal directo de que já não quer deparar-se com este tipo de conteúdo.

No entanto, as opções não param aí, porque pode esconder certos tipos de conteúdo, de modo a que o que está fora dos seus interesses não possa ser perturbador, embora haja também a consideração de que limitar e optimizar a experiência na rede social influencia as sequências dos seus vídeos.

A utilidade do Tik Tok no seu marketing de conteúdo

Todos os marcos que a Tik Tok passou são razões importantes para ser apaixonado por tentar qualquer objectivo publicitário na plataforma, uma vez que os grupos e o público é uma brilhante oportunidade para postular as suas aspirações de crescimento, pois poderá atingir todos os tipos de clientes, independentemente do país ou do negócio.

Não é apenas uma plataforma de moda, é um meio de comunicação de massas que é adequado para todos os tipos de marcas, pelo que se pode entrar em qualquer casa, grupo social, não há limite, por outro lado existem certos formatos de anúncios que funcionam como um grande aumento da interacção.

Todos os esforços de marketing nas redes sociais encaixam com o Tik Tok, mesmo para B2B, esta rede social tem um enorme apelo, especialmente se o seu público alvo estiver presente no Tik Tok, para interagir de uma forma real e apresentar o seu tópico da indústria de uma forma mais criativa.

Integrar o vídeo em qualquer reivindicação comercial é uma obrigação, especialmente para que o seu negócio se torne um meio influente, onde o produto ou serviço possa ser mostrado usando-o na vida real, esta é uma grande oportunidade para anunciar com estilo, construindo uma base de utilizadores com dinâmicas e ferramentas.

Tok Tik para negócios e as suas vantagens

O poder que o Tik Tok gerou quebra qualquer esquema, tornando-o um alvo para muitas empresas porque podem atingir esse grande número de utilizadores que continuam a utilizar a aplicação várias vezes por dia, com a sua métrica de utilização a tornar-se uma métrica de topo em comparação com outras redes sociais.

A opção de humanizar uma intenção comercial através desta rede social é uma realidade, especialmente devido ao elevado nível de envolvimento que se pode obter graças ao conteúdo criado, uma vez que o alcance orgânico é do mais alto nível a atingir, independentemente do pequeno número de seguidores que se tem.

É muito fácil gerar um vídeo viral com esta plataforma, especialmente onde a visualização e interacção são garantidas, para além de a realização de uma nova conta ser recompensada pela aplicação, é muito perceptível o poder que surge desta plataforma para que uma marca cresça.

A criação de vídeos deve ser divertida e isto ajuda a motivar claramente qualquer pretensão comercial, para além de cursos de difusão e todo o tipo de actividades que geram grande interacção, este tipo de presença é um tom mais amigável para ganhar atractividade, para além da oportunidade de integrar o marketing de conteúdos.

Tik Tok PRO (analítica)

O tipo de conta PRO no Tok Tik é uma modalidade que muito poucas pessoas conhecem, é uma oferta especial para influenciadores, bloggers e também para marcas, graças ao facto de fornecer informação detalhada sobre as estatísticas que apresenta no âmbito da aplicação, para que possa medir o seu progresso.

Ao utilizar este tipo de dados pode concentrar-se em melhorar e compreender a força do tipo de conteúdo que partilha, este tipo de percepção é uma grande oportunidade para acompanhar o crescimento dentro desta plataforma, torna-se mais fácil alcançar a popularidade que almeja ao saber como o fazer.

Uma vez criada a sua conta e definido um tipo de categoria, pode seguir de perto a análise directa da conta, tanto visitas como assinantes, o conteúdo também é estudado vendo os gostos, visitas e audiência, a isto se acrescenta a opção de anunciar na aplicação.

Com este tipo de informação da aplicação, pode efectuar uma análise abrangente, para não perder o passo para aquela conta competitiva de que tanto precisa, pode também desenvolver estratégias publicitárias dedicadas a estes dados, são apresentadas estatísticas para avaliar o desempenho de forma mais clara.

A dinâmica da popularidade soma-se a outra peça de dados que pode facilmente ver, de modo a poder ver o impacto que o seu conteúdo está a ter, e a compreensão que surge para conceber uma melhor imagem para o público alvo, é uma melhor definição do que se quer e do que se procura.

Assim que tiver uma conta PRO para a utilizar ao máximo, poderá continuar a publicar ou partilhar conteúdos ideais para a sua marca, ou seja, criando conteúdos que forneçam notícias sobre a sua indústria ou categoria, bem como dicas, uma vez que a comunidade está muito atenta para aprender.

Por outro lado, não se pode perder de vista as histórias para humanizar, com empatia pode-se fortalecer os laços com a comunidade, o tipo de conteúdo que é melhor recebido é curto, especialmente se forem tutoriais, para valorizar o tempo e a simplicidade, o importante é ser compreendido.

Quando conseguir despertar a curiosidade sobre a sua marca, não há dúvida de que terá um grande número de seguidores, e poderá oferecer desafios constantes para que eles não saiam da sua conta, lembre-se de que se trata de uma plataforma de entretenimento pelo que o valor que deve procurar é para essa área.

Tik Tok desafios dedicados às empresas

Dado o elevado número de downloads que a Tik Tok gerou num curto período de tempo, é uma rede social que convida a um grande fluxo de interacção numa base diária e é por isso valiosa para uma empresa, embora a questão de como melhorar a exposição de uma marca na Tik Tok tenha certamente surgido, o que significa assumir um desafio claro.

Pode utilizar os desafios da Tik Tok em seu benefício para crescer no ambiente digital, embora ainda seja um ambiente fértil e em produção no que diz respeito à publicidade, mas há muitas oportunidades para as marcas atingirem outros tamanhos até uma campanha de topo.

Os desafios do Tik Tok são moldados pela ampla cultura meme, uma vez que é um conteúdo resultante do marketing das redes sociais, pelo que cada vez mais marcas se juntam a uma tendência utilizando esta forma de expressão ou conteúdo, esta combinação de texto e imagens tem outro valor no Tik Tok.

Os video memes tornam-se uma melhor dinâmica, de modo a não perder o entretenimento por causa de qualquer mensagem comercial, o desafio para uma empresa é juntar os seus objectivos com texto, som e movimento que actua como uma espécie de performance.

Este é o caminho para um projecto comercial ser o protagonista dentro desta rede social, por isso é uma obrigação para uma marca começar a investir, estabelecendo um plano de publicidade nesta rede social, numa era digital dominada pela capacidade especial do conteúdo que é partilhado na Internet é uma grande oportunidade para explorar.

Dentro da Tik Tok brotam um grande número de alternativas com o objectivo comercial de obter o alcance que deseja, onde sons personalizados podem ser utilizados em seu benefício para gerar uma grande impressão e alcançar cada um dos utilizadores que concorrem nesta aplicação.

A fim de encontrar o impacto ideal dentro da Tik Tok, é absolutamente necessário atender a todas as medidas orgânicas para estar atento àqueles empurrões que se traduzem numa grande quantidade de seguidores e, acima de tudo, interacção, desta forma o seu vídeo torna-se uma oportunidade para fazer crescer um negócio ou qualquer outro objectivo.

Há três maneiras de encontrar o desafio que é mais compatível com a sua marca:

Pesquisa na página Para Si

Para que possa encontrar muitas sugestões ligadas ao conteúdo que pode apreciar, esta secção é muito variável à medida que começa a seguir relatos, é uma área semelhante à página "Explorar" que a Instagram tem, é importante cuidar de perto deste aspecto.

É importante certificar-se de seguir os influenciadores que fazem parte da Tik Tok e que estão relacionados com o seu conteúdo, para que possa identificar o tipo de conteúdo que é publicado e que pode ser usado como inspiração, o importante é ter o poder de recriar na sua conta a melhor inclinação para a intenção comercial.

Fique de olho nos sons de tendências

Esta é uma forma ideal de se inspirar na acção de encontrar desafios de tendências, porque a selecção de sons que pertencem ao Tik Tok, uma vez que são um reflexo do assunto que tem mais poder online, ao tocar ou pressionar num som pode ver os vídeos que se originaram com base nestes sons.

Ao prestar toda a atenção aos sons mais úteis, juntamente com os movimentos que vão para a criação do vídeo, pode ganhar um maior incentivo para a inspiração em todos os sentidos, estes truques são um grande começo para que a edição possa seguir o curso comercial esperado.

Compreender as compilações de Tik Tok no YouTube

No YouTube encontrará muitas estrelas que transmitem aos ulilizadores uma série de desafios estranhos e inovadores que pode pôr em acção, de modo a não perder de vista conceitos recentes, é por isso que algumas boas compilações de Tik Tok servem como uma grande inspiração para si.

Quando procura conteúdos reais, é importante realizar pesquisas avançadas, isto também o ajuda a poupar tempo e quando tem ideias mais claras que se relacionam com a sua marca, só terá de procurar a mais adequada e obter conselhos sobre a mesma.

Aprenda como lançar uma campanha de desafio Tik Tok

Quando confrontado com a ideia ou o desejo de criar uma campanha de desafio em Tik Tok, o mais crucial é o contexto, a facilidade e diversidade de memes para criar um vídeo de qualidade, uma vez que existem muitos aspectos para encontrar a inclinação certa, tais como os efeitos e também a possibilidade de incluir sons reais.

O principal é conhecer o tipo de propósito comercial que se procura promover, depois pensar numa música que esteja relacionada ou possa ser associada a esse sector, e depois fazer uma lista com o fundo e a melhor recriação para ter um efeito nostálgico sobre os utilizadores e o público.

Os passos a seguir para que uma campanha possa ser totalmente consolidada em Tik Tok e para que o seu propósito comercial seja autêntico são os seguintes:

Planear o tipo de campanha a empreender

É importante que possa planear uma campanha de desafio que esteja ligada à sua marca, que é o principal objectivo de toda uma dedicação, desta forma o seu mercado alvo fica a saber que existe como proposta comercial, mas para isso a contribuição de um grande número de seguidores serve como uma grande apresentação.

Para impulsionar as vendas em grande escala, deve sempre pensar em como ligar o produto ou serviço à interacção que a Tik Tok postula, pelo que a medida de definir o objectivo principal de qualquer campanha é um passo básico mas enérgico, para o que também se deve seguir as tendências online.

Para trabalhar com Tik Tok pode contar com o poder do Google Analytics, dessa forma pode promover grandes conteúdos e conseguir maior apelo de massas, neste momento é quando a execução de uma campanha de marketing de primeira classe se torna mais importante, isto é, o foco que não pode ser perdido.

Visualizar a forma de um desafio como se fosse uma competição, este é um método de participação no mundo digital que não pode ser perdido, esta cultura é uma das mais importantes a aprender para que as aspirações de construir uma marca versátil e moderna não fiquem pelo caminho.

Plano Tik Tok conteúdo do desafio

Tendo em conta a importância do Tik Tok e os objectivos que podem ser definidos para crescer através desta rede social, o passo seguinte é contar uma história que seja divertida, para que possa ser transmitida no vídeo e gerar essa carta de apresentação a partir da intenção comercial.

Para crescer rapidamente online é essencial criar algo especial, de modo a que a atracção não se perca por nenhuma razão, mas não pode ser demasiado complicado continuar a replicar online, caso contrário o público alvo não pode juntar-se ao desafio e a intenção é que cada seguidor o transmita aos seus seguidores.

Desde que o desafio possa varrer o interesse de todos, gerará um grande fluxo orgânico difícil de ignorar pelos seguidores, ou seja, a ligação com as redes sociais que fará com que a marca possa atingir um nível muito importante, por esta razão, desde que se possa analisar melhor o conteúdo que o destino irá adquirir.

Escolha um som apropriado no Tok Tik

O som a utilizar no desafio Tik Tok deve ser bem estudado e acima de tudo é optar por um som original, este elemento é básico para cada vídeo pode ser emitido com a importância que merece, pois a selecção deve ser de filmes seleccionados, e vídeos virais para encontrar frases que se relacionem com a sua indústria.

Coreografar cada passo para o desafio

Seja através de apoio profissional ou da sua própria criatividade, é importante definir a estrela do vídeo e o tipo de recreação a capturar, para além de definir o nível de dificuldade, o importante não é perder a criatividade, mas mover as pessoas para que o vídeo possa chegar a mais pessoas.

Criar e partilhar o desafio do Tok Tik

Ao cobrir cada um dos movimentos, sons e o contexto do desafio, tudo está completamente pronto para que a gravação tenha lugar, é melhor tomar o tempo adequado para cobrir cada uma destas etapas em conformidade, o importante é que é um resultado final perfeito que vale a pena.

É importante sentir satisfação com a realização do vídeo, para isso pode escolher os melhores recursos de edição, é uma obra-prima em todos os sentidos, para que se possa relacionar com outras pessoas e cada canto digital, fazer rascunhos e procurar aconselhamento de marketing para atrair uma grande audiência.

Os factos que precisa de saber sobre o Tik Tok

No meio do desenvolvimento das funções da Tik Tok, há uma variedade de dados que lhe são úteis para crescer dentro desta plataforma como todos os utilizadores desejam, neste sentido destacam-se os seguintes:

No seu país de origem (China), o pedido não tem o nome Tik Tok, mas é conhecido como "Douyin", que significa "abanar a música" em mandarim.

A aplicação foi lançada em 2016, e em tempo recorde em 2019 ultrapassou a popularidade dos downloads em comparação com o Facebook, YouTube, Instagram e Snapchat.

A maioria dos utilizadores desta plataforma são adolescentes, pelo que esta é uma qualidade do público-alvo, embora haja também 27% de pessoas na casa dos 30 e 40 anos que podem ser aproveitadas.

Na Índia, o descarregamento desta aplicação é proibido e restrito devido a questões de segurança; é uma restrição cultural.

O utilizador médio gasta 52 minutos por dia na aplicação, entrando até 7 vezes dentro desse tempo.

O potencial de crescimento da Tik Tok é uma ideia para todos os tipos de estratégias de marketing, especialmente com o alcance do ávido público alvo.

Todos os dias são vistos até um milhão de vídeos nesta rede social, pelo que é um movimento constante.

O objectivo desta rede social muda em relação a outras plataformas, uma vez que se trata de um trabalho rápido e interactivo, porque o seu conteúdo é muito mais dinâmico.

Esta rede social tem uma postura global, uma vez que está disponível em 155 países, pelo que foi concebida em 75 línguas, sendo um nicho potencial para levar a cabo qualquer estratégia.

O valor desta rede social está estimado em mais de 75 mil milhões de dólares.

Esta plataforma tem modalidades como uma conta "Pro", que lhe permite ter contacto com uma análise de dados para procurar uma maior eficácia dentro desta plataforma e entregar o conteúdo ou crescimento a que aspira.

Como se compõe a alimentação do Tok Tok Tik

A gestão adequada do conteúdo no Tik Tok é relevante para o algoritmo, especialmente porque uma conta deve ter um alto desempenho para cada vídeo para obter mais vistas, e não se trata apenas do número de seguidores como se poderia pensar, a chave é personalizar cada secção de conteúdo.

Isto traz frequentemente enormes dúvidas para pessoas que são novas e ainda não interagiram com o conteúdo, por isso o que deve fazer é seleccionar as categorias que são de interesse, estas são variadas para que se enquadrem nos seus objectivos, podem ser animais de estimação, ou qualquer outro tipo de tema que tenha em mente.

A própria informação que fornece à plataforma é o seu melhor apoio para criar um feed inicial de alto nível, através do polimento destes aspectos e recomendações que é utilizado como ponto de partida para ganhar interacção nos primeiros vídeos que publica, desde que sejam frequentes e cumpram com as acções publicitárias.

Quando não se selecciona uma categoria favorita, a própria rede social encarrega-se de fornecer uma fonte geral de vídeos populares, pelo que a partir de agora, quando surgir algum tipo de interacção, ela torna-se uma base para o sistema que utiliza para determinar os seus interesses e fazer sugestões de conteúdo.

A interacção que pode publicar nesta rede social no início para que outros o encontrem é seguir relatos, ver hashtags do seu interesse, conhecer cada um dos sons e efeitos, entrar em tópicos de tendências, apenas ir "Descobrir" para que a experiência do utilizador gere um fluxo de acção.

Ao executar estas acções no feed, activa o algoritmo do Tik Tok para trabalhar a seu favor, para que quando um utilizador tenta encontrar um vídeo que não faz parte do seu alvo, este seja simplesmente descartado para que possa definir confortavelmente as suas preferências.

A verdadeira jóia da Tik Tok é também a facilidade de promover uma intenção comercial ou outro tipo de site digital, e isto também funciona ao contrário, por isso na Instagram pode ligar a sua conta sem qualquer problema, além de poder obter uma ligação web, tornando-a uma excelente oferta de funil.

Pode criar um vídeo com uma mensagem comercial e esperar que se torne um tema viral, tudo graças ao facto de que os espectadores poderão visitar o seu perfil e obter seguidores ou qualquer outra acção que suscite interesse, conseguindo a compra que espera, razão pela qual é essencial optimizar a biografia.

A chamada à acção para o seu conteúdo, que vem através do perfil, pode então visar confortavelmente a conversão desejada, onde o aspecto e a actividade da conta fará a conversa, este é um passo essencial antes de entrar nos outros detalhes de cada post ou emissão.

Da mesma forma que cuida da sua bios Instagram ou Twitter, da mesma forma que utiliza todas as opções de Tik Tok para subir em direcção a uma preferência de utilizador superior, estes tipos de elementos integrados tornam-se um importante apanhador de olho que se torna irresistível.

A comparação entre o Tok Tik e o Instagram

A semelhança de conteúdo e interacção entre Tik Tok e Instagram levanta grandes questões sobre que opção de rede social é muito mais viável em termos de recreação e compras, o ponto de comparação surge com as histórias, mas em Tik Tok elas não expiram em 24 horas como com Instagram.

A verdadeira semelhança entre Tik Tok e YouTube está na capacidade de criar e publicar conteúdos, embora no caso do algoritmo da segunda rede social seja um pouco tarde e o vídeo possa não gerar o efeito que se espera, muito menos na forma como se deseja.

O importante é que os vídeos não desapareçam, isto é um poder de continuar a procurar ganhar um pouco mais de tráfego, mesmo meses depois de ter publicado o conteúdo, dando uma grande oportunidade às pessoas com poucos seguidores de escalar para conseguir milhares de visitas mesmo.

O Tik Tok é muito mais do que uma aplicação para fazer vídeos, tornou-se uma verdadeira rede social, onde surge a oportunidade de ganhar dinheiro, pelo que é uma grande atracção para muitas empresas, e ao mesmo tempo um ambiente de crescimento para um influenciador, da mesma forma que a presença nestes meios é importante.

Após a aplicação ter recebido algumas ameaças, foi apresentado o lançamento de uma funcionalidade Instagram semelhante ao Tok Tik, mas o lado forte desta aplicação ainda está latente devido ao poder de criar e editar vídeos para fornecer resultados verdadeiramente interactivos, especialmente por ser breve e de conteúdo carismático.

Instagram, por outro lado, é esteticamente orientado, depois cresceu com a integração de histórias, até alargar as possibilidades de acções, até à apresentação do Instagram TV, onde o conteúdo vídeo atinge 60 segundos, embora só aceite conteúdo pré-gravado até ao lançamento de bobinas.

A edição de vídeo que é apresentada sobre esta função é importante, é uma competição que procura ter grande semelhança com Tik Tok, uma vez que se pode criar vídeos de 15 segundos, estes clips podem ser conformados para serem gravados ou adicionados a partir da galeria, a partir desta criação podem ser feitos todos os tipos de efeitos, a sua função é muito fácil.

Tik Tok tem a função de partilhar os seus vídeos no Instagram, através de bobinas todo o processo se torna muito mais fácil do que pensa, desta forma o conteúdo pode ser instalado no Instagram para ganhar mais atracção, e mesmo aumentar o número de seguidores, é um grande poder ter ambas as plataformas.

Tik Tok pesquisa e encontra truques

Uma vez que possa associar-se plenamente às características da Tik Tok, existem opções muito mais amplas para encontrar e transmitir o conteúdo que deseja dentro desta aplicação, as respostas de que necessita são as seguintes:

Pesquisar e encontrar um vídeo Tik Tok

Uma forma básica de encontrar um vídeo é olhar para o ecrã inicial, depois pode ir para os próximos passos:

1. Aceder a Home através da barra de menu.
2. Depois, quando toca no menu, pode ver os vídeos de todas as contas que está a seguir no topo.

3. Depois de ter exposto os vídeos, só tem de reproduzir os que fazem parte da tendência ou as recomendações que são da sua preferência.

Outra forma de acesso é através da Discover, isto é feito através dos seguintes passos:

1. A principal coisa a fazer é ir à Discover através da barra de menu.

2. Pode seleccionar o vídeo que aparece por cima dos carrosséis de hashtags que fazem parte da tendência c no topo pode pesquisar por eles.

A terceira maneira de encontrar um vídeo, é ir até aos que foram marcados como favoritos ou qualquer outro que tenha gostado, através destas acções:

1. Introduzir "Meu" através da barra de menu.

2. Clique no ícone de marcador para ver os vídeos que marcou ou guardar como opção de visualização para mais tarde.

3. Pode também reentrar os vídeos de que gostou indo à secção encabeçada por um ícone de coração.

Quando encontrar o vídeo, pode ter a liberdade de realizar a interacção que deseja, pode até reagir para realizar algum tipo de dueto, ou mesmo criar uma fotografia ao vivo, uma vez que a Tik Tok tem muitas alternativas, mas para além das suas valiosas opções pode encontrar vídeos através do som ou utilizando os hashtags do seu interesse.

Pesquisar e encontrar vídeos por som no Tik Tok

Se quiser ver ou ser inspirado por vídeos que utilizam um clip áudio específico, pode efectuar este tipo de pesquisa filtrando o som como uma prioridade, o que se torna uma realidade após o seguinte passo-a-passo:

1. Pesquise e seleccione o vídeo em que está interessado com o som particular.

2. Clique no link de som na parte inferior do vídeo.

3. Uma vez a partir da página de som que aparece, pode adicionar o som aos seus favoritos, partilhá-lo, e até encontrar o uso original, se disponível, para começar a gravar um vídeo usando esse som, se desejar.

Outra alternativa a isto é que pode encontrar sons procurando no ecrã em "Descobrir".

Pesquisar e encontrar vídeos por efeitos no Tik Tok

Para ver muitos mais vídeos que estão a utilizar este efeito, basta seguir estes passos:

1. Encontre um vídeo que tenha o efeito do seu interesse.

2. Clique no efeito que aparece com uma varinha de condão sobre o criador do vídeo.

3. A acção acima referida leva-o para a página do efeito que procura, para que possa adicionar esta opção aos seus favoritos, para que possa partilhá-la como desejar, e até começar a gravar usando-a.

Por outro lado, também pode encontrar os efeitos pesquisando através do ecrã sob a opção "Descobrir".

Pesquisar e encontrar vídeos por hashtags no Tok Tik

Se quiser ver mais vídeos etiquetados com hashtags, siga estas directrizes:

1. Procure um vídeo que tenha uma hashtag que lhe interesse.

2. Clique na hashtag acima do título na parte inferior do vídeo, onde o criador do vídeo é identificado.

3. Quando estiver na página hashtag que aparece depois de clicar nela, pode adicionar a que achar ideal para os seus propósitos, depois pode partilhar e encontrar outros tipos de vídeos que utilizam este tipo de etiquetas, e até gravar um novo vídeo para marcar como desejar.

Alternativamente, os hashtags podem ser encontrados permitindo a pesquisa via "Discover", pois são tendências que emitem conteúdo de interesse que é encontrado na referida Discover.

Pesquisar e encontrar um utilizador no Tok Tik

Uma óptima forma de encontrar um utilizador é através de um vídeo Tik Tok que está actualmente a ver, para dar os próximos passos:

1. Quando o vídeo mostra o criador do conteúdo à esquerda, o criador do conteúdo está acima da bolha onde aparece a sua imagem de perfil.

2. O passo seguinte é tocar na bolha para introduzir o perfil do utilizador.

3. Em alternativa, quando continuar a ver os vídeos pode tocar no identificador do Tok Tik no canto.

Outra forma de entrar para explorar o conteúdo de um utilizador é através da Discover:

1. Entrar Descobrir através da barra de menu.

2. No topo pode pesquisar o utilizador.

Uma vez no perfil de um utilizador Tik Tok, poderá explorar em profundidade todo o conteúdo oferecido, onde poderá encontrar todos os dados que fazem parte da credibilidade da conta, além disso, encontrará muitos links para ir às suas redes sociais, a isto se acrescenta a variante de um perfil público que mostra estes dados.

Dicas para cultivar a sua marca no Tok Tik

O importante para uma marca escalar em grande escala no Tok Tik é seguir as instruções dos especialistas abaixo:

1. Crie o seu próprio canal e assegure-se de criar o perfil mais apropriado para o tipo de audiência que procura.

2. Obter uma conta PRO para ter acesso a dados métricos.

3. Publicar vídeos sobre a marca para mostrar uma identidade mais humana.

4. Faça parcerias com influenciadores para alcançar um alto impacto e alcançar mais pessoas com o seu conteúdo.

5. É melhor ter um conteúdo intemporal.

6. Faça parte da tendência actual para que o conteúdo seja ajustado ao mesmo de modo a poder tornar-se viral.

7. Para começar, o mais importante é a publicação de 3 ou 5 vídeos por dia, mas sobretudo a manutenção da qualidade.

8. Alternar a duração dos vídeos de modo a que o conteúdo possa ser variado.

9. Comentar os vídeos de outros utilizadores para alcançar uma audiência mais vasta.

10. Trata de cada detalhe estético para dar a melhor impressão possível.

Controvérsias no âmbito do funcionamento do Tok Tik

Os analistas de redes sociais ofereceram algumas conclusões sobre o Tik Tok, salientando que é uma plataforma muito mais especial do que muitas pessoas pensam, uma vez que foi classificada como uma das plataformas que obtém mais informação, e isto inclui mesmo os dados pessoais dos criadores.

Por esta razão, pode haver algum grau de preocupação em detectar este tipo de vulnerabilidade, mas a resposta da Tik Tok tem sido melhorar a segurança das suas funções com um algoritmo concebido para este fim, onde demonstraram um claro compromisso em proteger a privacidade de cada utilizador.

Embora o utilizador deva ter cuidado em termos do tipo de informação que partilha, se tiver quaisquer dúvidas, é necessário adoptar uma abordagem calma e estar atento aos seguintes pontos:

Que informações tem a Tik Tok sobre si, a aplicação só tem a informação que fornece quando cria a sua conta.

Como a Tik Tok utiliza a informação dos seus dados pessoais, dentro das condições que estabelecem que a utilização dos seus dados é dirigida ao seu benefício, para criar a sugestão sobre o conteúdo que se adequa ao seu interesse, a isto junta-se a publicidade que é compatível com o perfil.

Os dados solicitados por esta rede social são a data de nascimento, endereço electrónico, número de telefone, uma descrição do perfil, fotografia ou mesmo vídeo pessoal, dados extraídos de concursos ou inquéritos, e afins.

Uma vez associada a Tik Tok a outras redes sociais tais como Facebook, Twitter, Instagram ou Google, concede igual permissão para que a Tik Tok tenha acesso à informação encontrada nestas plataformas.

O alcance de Disco ver Tik Tok vai até ao ponto de se deparar com a informação dos websites que visitou, isto também inclui até as aplicações que descarregou ou comprou com o propósito de ter em conta os interesses.

A pesquisa da rede social estende-se ao endereço IP, juntamente com o histórico de navegação, ao qual se juntam os fornecedores de serviços móveis, o que corresponde a uma utilização publicitária.

Mesmo contactos telefónicos e uma lista de amigos do Facebook são considerados para que os convites possam ser feitos de modo a que possam visitar a plataforma com facilidade.

Cada um dos dados mencionados é utilizado para ajustar os serviços e apoio às suas necessidades, ou utilizado para cumprir as suas condições, é uma sugestão para marcar os interesses de cada utilizador, é uma ligação que procuram estabelecer para que os utilizadores se sintam importantes.

Embora se deva ter em conta que a informação é uma protecção para a própria rede social, porque pode expor um sinal de abuso e limitar todo o tipo de actividade ilegal, é uma forma de garantir a segurança para ambas as partes e o controlo permanece nas mãos dos utilizadores.

Restrições de conteúdo do Tok Tik

O algoritmo do Tik Tok dá prioridade à questão da segurança visual, por isso, quando estiver a tentar ganhar seguidores, é importante que não ignore estas restrições, uma vez que o seu conteúdo pode ser danificado por uma supervisão como esta, uma vez que a plataforma rastreia claramente o conteúdo transmitido no feed.

Uma grande variedade de vídeos que têm um impacto negativo nos utilizadores não será mostrada, muito menos quando se trata de um procedimento médico que expõe alguma acção demasiado gráfica, muito menos se o assunto for ilegal, sem deixar de lado a luta que é imposta ao SPAM e aos vídeos para aumentar o tráfego.

A plataforma Tik Tok está encarregada de remover vídeos que não cumpram com este tipo de medidas, a intenção é, acima de tudo, decretar conteúdos de qualidade, caso contrário estes efeitos negativos são desencadeados, e existe também uma opção chamada "modo de segurança familiar".

A acção de segurança familiar acima referida, concebida para pais que procuram proteger menores de conteúdos adequados aos seus filhos, também serve a função de limitar a quem podem ou não escrever, e mesmo o tempo de rastreio é regulado por esta opção.

Como ganhar dinheiro com o Tik Tok?

A plataforma Tik Tok é uma grande oportunidade para um influente encontrar a popularidade procurada neste plano digital e gerar receitas, especialmente porque o impacto de uma grande comunidade é motivação suficiente para as marcas procurarem esta oportunidade de comercializar e promover produtos ou serviços.

A geração de dinheiro nesta rede social está a tornar-se uma realidade, especialmente com a enorme quantidade de downloads disponíveis nas lojas de aplicações móveis, pelo que todos os tipos de projectos incluem este ambiente para tirar partido da sua visibilidade, chegando ao ponto de se tornar uma tendência moderna.

Em princípio, esta rede social não foi criada para este fim comercial, mas ao mesmo tempo com a sua utilização constante tornou-se uma plataforma muito amigável para a publicidade, por esta razão pode ser considerada como uma grande alternativa, onde a criação de conteúdos abre a porta para patrocinar um produto ou uma oferta.

A abordagem utilizada para gerar rendimentos é semelhante à do YouTube, mas ao longo do tempo foram também implementados certos métodos para perseguir este resultado de monetização, uma vez que se trata de uma plataforma como qualquer outra com uma possibilidade valiosa de ganhar dinheiro com criatividade e consistência.

Embora para além de conhecer as seguintes alternativas para obter dinheiro, não pode esquecer o dever de criar valor, porque o próprio conteúdo deve ser apresentado como motivo para revisitar a sua conta que o interesse é o que faz crescer uma comunidade, pode começar a implementar estas acções para crescer e rentabilizar:

Transmissão em directo

A oportunidade proporcionada pela emissão em directo, faz com que os espectadores sigam de perto o criador do conteúdo, porque para além das publicações pode começar a moldar essa imagem como influenciador, também através destas emissões pode motivar os espectadores a dar moedas virtuais chamadas "Moedas".

Neste sentido, o Tik Tok é semelhante ao Twitch, estes são adquiridos através de transacções reais, em troca destas doações os criadores de conteúdos podem retribuir com um presente ou também apoiar outros utilizadores, é uma grande oportunidade de empatia e de mais trabalho em rede.

A Tik Tok transfere 80% do valor total das emissões para o influenciador, não uma enorme fortuna, mas um incentivo que pode servir como um fluxo de receitas a considerar, não faz mal em ser inspirado por este tipo de reconhecimento ou contribuição.

Patrocínio de marcas

Na Tik Tok, como noutras redes sociais, há um grande interesse por parte das marcas em promover um produto ou serviço, este é escolhido pela marca de acordo com o tipo de conteúdo que o influenciador transmite, se tiver a ver com a sua marca, e também quando conseguem demonstrar um interesse claro no conteúdo de valor e no número de seguidores.

A isto acresce o efeito demográfico, é uma acção comum no mundo digital, não é nova mas deve ser tida em conta pelo que representa, uma vez que ganhar dinheiro através das redes sociais não é tão impossível como se poderia pensar.

Aprenda a viver com o Tok Tik

Para muitos utilizadores de Tik Tok, a transmissão em directo continua a ser um grande mistério, mas esta característica está presente devido à própria natureza desta plataforma onde o conteúdo é publicado num formato curto, mas também permite a criação de uma variedade de formatos para envolver o público.

As funções de gravação incluem a transmissão em directo, isto é muito pouco utilizado devido à falta de conhecimento, mas é importante explorar todos os factores desta alternativa para que possa estar do seu lado, de modo a que seja muito mais fácil começar a gerar maior visibilidade dentro desta rede social.

Uma vez que tenha uma conta Tik Tok pode optar por esta transmissão de conteúdo em tempo real, o que acrescenta uma interface importante que não gera qualquer problema, conseguindo a opção de ganhar dinheiro, se mantiver vivo este desejo só terá de ter 1000 seguidores, sendo um factor para publicações.

Por outro lado, o requisito de transmitir em directo deve ser superior a 16 anos de idade. Uma vez cumpridas estas duas medidas, são necessárias as seguintes etapas para publicar em directo:

Instalar a aplicação Tik Tok, seja Play Store ou App Store.

Inicie a aplicação e depois inicie a sessão com as suas informações pessoais.

Uma vez na aplicação, clique no ícone "+" no fundo e depois pode ir para o botão "Live" ao lado do botão "Record".

Pode então incluir o seu título preferido para a transmissão ao vivo, é importante ser criativo para atrair mais seguidores.

Quando se trata de adicionar o título, é necessário adicionar o botão "Broadcast live", para que a emissão possa começar imediatamente.

Uma vez completados estes passos, o Tik Tok ao vivo começará, e uma vez terminada a sua sessão, basta clicar em "End live", e pode voltar ao ecrã inicial e começar a sua tentativa de receber donativos dos seus seguidores, como mencionado acima.

Para materializar esta forma de obter dinheiro, basta conhecer e utilizar estas etapas, embora a forma como funcionam as doações regulares seja diferente, uma vez que os apoiantes não podem enviar o dinheiro directamente para a conta bancária, mas uma dica é enviada através das moedas que foram adquiridas através de dinheiro.

Ao ter uma quantidade significativa de moedas, estas podem ser convertidas em diamantes, depois transformadas em dinheiro real via PayPal, para aquele levantamento de Tik Tok precisa de um saldo de $100, este pode ser um processo lento mas com um seguimento ocupado é uma opção válida a considerar.

Uma vez que pode colocar os seus talentos a trabalhar no Tik Tok que pode usar a cada momento para gerar dinheiro, esta rede social é um meio ideal para mostrar todo o tipo de competências, mais outras acções que o conduzem de uma forma excelente para ganhar dinheiro:

Conseguir os primeiros 1000 seguidores:

Para a plataforma Tik Tok gerar rendimentos é necessário ter 1000 seguidores, ou seja, a exigência de fazer gravações ao vivo, pelo que é necessário carregar constantemente conteúdo para se tornar um personagem reconhecido, é melhor alcançar e exceder esse número.

Não perca a noção das actuações ao vivo

É necessário que cada perfil possa contar com vídeos ao vivo, quer seja uma ou várias vezes por semana, esta é uma medida importante, a frequência depende de si e dos seus objectivos, quanto mais melhor construir uma imagem, mas transmitindo conteúdos de alto valor para responder aos seguidores com o melhor.

Transferir seguidores de Tik Tok para outras redes sociais

Uma vez que se tenha um seguimento grande ou pelo menos considerável, é melhor diversificar e ganhar tracção noutras redes sociais, isto é útil para a Instagram ou qualquer tipo de canal YouTube, pelo que se torna um ponto crucial para rentabilizar facilmente e até optar por modelos mais económicos.

Receba presentes com grande carisma

Enquanto estiver a fazer as suas transmissões é importante infectar os utilizadores com tópicos de tendências e óptimos conteúdos, por isso terão todo o gosto em dar-lhe ofertas gratuitas, incluindo autocolantes que podem ser usados no vídeo, dentro das ofertas há opções para obter dinheiro real como doação.

Elogiar os utilizadores

A motivação de ter donativos é essencial para apresentar uma melhor emoção, para que todos aqueles que o seguem possam fazer donativos como uma espécie de presente, e uma vez produzidos é positivo responder com gratidão através das conversas ao vivo para destacar os elogios.

Como ver vídeos de streaming ao vivo com o Tik Tok?

Para além da função de transmissão ao vivo, há outra questão sobre a visualização deste tipo de conteúdo. Se tiver alguma dificuldade com este tipo de conteúdo, basta seguir os passos abaixo:

Inicie sessão na aplicação Tik Tok a partir do seu dispositivo. Clicar no botão "Notificação" que se encontra ao lado do ícone "+".

Uma vez na página "Notificações", pode encontrar a opção "Melhores Vidas" na parte superior do ecrã.

Toque no botão "Watch" ao lado de "Best Lives" para começar a tocar a transmissão ao vivo que foi feita via Tik Tok e aparece aleatoriamente.

A funcionalidade "Best Lives" permite-lhe navegar através de cada conteúdo, e depois nas notificações pode aceder à "principal galeria de vídeo ao vivo", que é uma grande oportunidade para assistir a transmissões ao vivo.

Por outro lado, quando se procura um determinado utilizador tem acesso a fluxos em directo, a disponibilidade deste conteúdo é apresentada com um círculo vermelho na sua imagem de perfil, para que possa entrar em contacto com esse conteúdo em directo sem quaisquer problemas.

Descobrir como anunciar no Tok Tik

Os anúncios começaram a fazer parte da Tik Tok desde 2019, a primeira vez que esta funcionalidade foi feita por Chris Harihar, sendo um dos parceiros da Crenshaw Communications, foram anúncios com 5 segundos de duração, mas na plataforma existem outros tipos de formatos de publicidade como os seguintes:

Aquisição de marca

Os anúncios que são realizados através da aquisição são sobre a utilização de imagens fixas, vídeos e também GIFs, estes podem ser ligados directamente no website, funciona mesmo bem em desafios dentro da própria Tik Tok, quando se quer medir o alcance desta estratégia estas métricas ajudam:

Impressões.

Âmbito único.

Cliques.

Vídeo nativo

Os vídeos nativos são utilizados como anúncios de impacto importante e são medidos no âmbito das seguintes acções:

Engajamento: Ao receber gostos, partilhas e comentários.

Impressões.

Tempo médio de jogo.

Cliques.

Tempo de exibição do vídeo: São necessários mais de 3 segundos de reprodução, 10 segundos e também conclusão.

CTR.

Vistas de vídeo totais.

Por outro lado, as campanhas vídeo podem ser concebidas para ter o mesmo impacto que os vídeos individuais, sendo a diferença a duração, uma vez que os vídeos Tik Tok duram até 15 segundos, enquanto os vídeos nativos duram entre 9 e 15 segundos e são anúncios em ecrã inteiro. Tal como com o Instagram e os seus anúncios de histórias, que podem ser ignorados, tal anúncio pode cobrir muitos objectivos por detrás de uma única opção, uma vez que pode levar directamente a downloads de aplicações e a cliques no seu website.

Lentes de marca

O funcionamento das lentes AR são copiadas de Snapchat e Facebook, o mesmo acontece com o Tik Tok, embora a sua aparência seja temporária, cumpre um tempo específico e uma função particular que ainda não foi oferecida na sua expressão máxima, para continuar a completar a variedade de funções do Tik Tok.

Conteúdo vencedor para o Tok Tik

A popularidade de um tópico dentro do Tik Tok pode ser pesquisada antecipadamente para seguir as tendências existentes, partindo das categorias mais importantes como orientação educacional, diversão, relacionamento ou amizade, tópicos de saúde, comida e sobretudo dança, ao ponto de alcançar conteúdos motivacionais.

Como se isso não fosse suficiente, duas áreas muito importantes dentro das redes sociais, tais como a beleza e o artesanato, são acrescentadas, encontrar o caminho ideal para os seus objectivos é um passo importante, quanto melhor e mais rápido os conseguir identificar, mais conseguirá que um conteúdo possa ter um alcance importante.

Encontrar e também criar tópicos para produzir conteúdo Tik Tok é uma tarefa que funciona para postular uma cena activa, isto funciona para que um nicho possa ter um desenvolvimento que seja relevante hoje em dia, além de se poder antecipar ideias originais sobre essa área para estar em cima dela.

O melhor de criar o seu próprio conteúdo, é que consegue reunir toda a atenção, a isto se acrescenta que ganha uma grande personalização numa conta, uma vez que é uma aplicação onde a originalidade é um requisito fundamental, para que possa impulsionar uma presença de outro nível, sendo muito útil para a sua marca, e para criar campanhas.

A dica para causar um grande impacto é alinhar-se directamente com o plano, para não perder a oportunidade de fazer parte da tendência, e não se pode esforçar demasiado para criar uma criação engenhosa, mas sim confiar no lado seguro, quanto mais simples e brilhante for o vídeo, melhor se destacará a aplicação.

Como se pode ganhar seguidores no Tok Tik?

A popularidade dentro de uma rede social é tudo, é por isso que na Tik Tok é necessário um impulso extra para ganhar presença, em princípio uma das principais estratégias para isso é a utilização de hashtags de acordo com o conteúdo, isto faz parte de um planeamento para definir o público alvo e alcançá-lo.

A fim de se erguer dentro desta plataforma é vital mostrar conteúdos ao público interessado neste assunto, a isto se junta a obrigação de ser constante para alimentar cada utilizador com uma grande proposta que se ajuste aos seus gostos, baseia-se em conseguir ganhar esse tipo de apreciação dentro do mundo digital.

O alcance orgânico é apresentado quando se consegue apresentar certos vídeos virais, para conseguir este tipo de medida basta implementar as seguintes directrizes, para além de qualquer truque que contribua para o seu conteúdo:

Constancia

É importante que no momento de publicar uma alta frequência de pelo menos 3 ou 5 vídeos possa ser mantida, mas onde a qualidade é a prioridade, porque esta prevalece sobre a quantidade, no início recomenda-se 2 a 3 vídeos, a partir deste ponto de partida há muitas possibilidades de sucesso.

Nicho

O foco principal no meio da trajectória da Tik Tok é formar um nicho ideal, pois este é o ambiente no qual publicar conteúdos de grande valor, onde o lado divertido não pode ser perdido por qualquer razão, mas onde o sector pode ser reforçado, tudo de mãos dadas com o assunto a que se dedica.

Conteúdo valioso

É muito mais especial ter uma secção para o seu próprio conteúdo, este é o meio certo para estabelecer o seu próprio estilo que o fará crescer pelo que oferece, onde a essência para manter acima de tudo é uma acção totalmente apelativa que se estabelece como um íman para uma audiência maior.

Criar uma conta activa

É importante dentro do crescimento da conta poder responder a cada comentário para que a interacção permaneça bem mantida acima de tudo, este tipo de atenção é altamente valorizado e ajuda o resto das pessoas a ligarem-se ao seu conteúdo.

Áudio próprio e criatividade

Para que possa fornecer conteúdos de primeira qualidade é necessário integrar acções engenhosas como o áudio que vem das suas ideias, este tipo de personalização traz grande divertimento ao público porque no final é uma rede social ideal para que outros se divirtam.

Chaves para o sucesso no Tok Tik

Ao registar-se na Tik Tok pode entrar na secção de anúncios e aproveitar ao máximo esta ferramenta, para além da inspecção especializada de conteúdos valiosos para conseguir impacto para toda a audiência de uma forma positiva, o objectivo de cobrir esta rede social requer dedicação suficiente para apostar em tudo o que é alto.

Os anúncios podem ser integrados a partir do próprio feed, que é uma acção comum tanto no Facebook como no Instagram, pelo que é possível integrar um anúncio para que se possa desenvolver uma estratégia e atracção comercial, para além de uma grande impressão da criação da conta com a utilização de aplicações e bots.

A criação de conteúdos de qualidade é um avanço no alcance de audiências personalizadas, especialmente quando os anúncios não requerem muito investimento, de facto o espaço pode ser licitado e os módulos pay-per-click são o que cada utilizador precisa para escalar em grandes magnitudes.

Ao utilizar o Tik Tok é importante alargar ao máximo as suas funções, por isso a melhor chave é aprender a gravar da melhor maneira, utilizando truques e outras habilidades que se podem gravar cuidadosamente vídeos de primeira classe para conhecer as principais dinâmicas desta rede social, as mais proeminentes são as seguintes:

Zoom in durante a gravação

Utilize a seu favor o botão de zoom é uma vantagem desta aplicação, só precisa de mover o botão de gravação para o centro do ecrã, emitindo assim a acção da câmara para aplicar o zoom na imagem de modo a proporcionar aquele efeito que aspira a implementar.

Alternar entre câmara traseira e frontal

Basta tocar duas vezes no ecrã para trocar de câmara com facilidade, o importante é que cada vídeo possa ser bem tratado com um alto nível de qualidade, desde que possa testar totalmente a velocidade e o desempenho da sua câmara, obterá grandes filmagens e prazer.

Transformar um vídeo Tik Tok em um Gif

Se quiser partilhar um vídeo Tik Tok sob a forma de um Gif para obter uma maior divulgação, basta passar por cima do vídeo para conseguir tocar na opção de partilhar, depois na última opção da aplicação deve seleccionar a alternativa de partilhar como um Gif, pode também escolher a filmagem e esta é guardada na galeria.

Como fazer um vídeo tornar-se viral no Tok Tik?

A fim de obter um vídeo para fazer o melhor zumbido e impressão possível no Tik Tok, para que muitas pessoas falem sobre o seu conteúdo, é necessário considerar os seguintes pontos:

Precisa de utilizadores para ver o seu vídeo através da secção "para si" para que o possam seguir.

O conteúdo deve ser reproduzido várias vezes.

Partilhe o vídeo para obter comentários e gostos.

A duração ideal para um vídeo ficar viral é um curto período de pelo menos 15 segundos, o que causa melhores sensações do que um de 60 segundos.

Uma vez cumpridos estes pontos, será capaz de fazer com que a sua conta e conteúdo se tornem viris, no início parece complicado mas é um caminho fácil com dedicação para que possa tornar-se viral, é importante que possa causar um impacto positivo para que seja mostrado a mais pessoas.

A Tik Tok analisa o impacto da sua conta quando gera ou fornece conteúdo viral, por isso se tiver uma conta PRO é mais fácil encontrar as métricas de que necessita para impulsionar, o mais importante são os comentários, opiniões e partilhas, quando ganha num destes três elementos pode ser considerado como viral.

Como utilizar hashtags em Tik Tok?

Os hashtags que pertencem à Tik Tok funcionam da mesma forma que em outras redes sociais, são interessantes por representarem o tema do seu conteúdo, a sua utilização cumpre a função de alcançar um maior alcance, este meio de ser mais sensível ao público é ideal, ser viral em primeiro lugar e acima de tudo.

É importante que dentro da selecção destas palavras se possa encontrar uma relação concreta, porque é a forma de chegar ao público, para que tudo esteja em ordem, as seguintes acções devem ser abrangidas:

O uso de hashtags no Tik Tok é uma grande ajuda para dar uma categoria clara ao conteúdo, o importante é que os vídeos estejam ao alcance da audiência que está a tentar alcançar.

Procure adicionar as hashtags aos vídeos antes de mais nada, dizendo essas mesmas palavras para uma ligação completa, tornando-se assim um nicho de mercado.

Ganhe poder criando as suas próprias hashtags para que o utilizador possa ser infectado e participar usando-as.

Usar hashtags que estejam activos para ter o efeito de um maior alcance.

Tenha em conta a canção que utiliza porque estão ligadas a certos hashtags.

Os hashtags temporários são motivados por eventos ou por desafios, para que possa criar os seus próprios hashtags para tirar partido desse tipo de zumbido para a sua própria campanha.

É necessário pesquisar os hashtags com antecedência para utilizar os que têm tendência, e é preciso localizar os seus concorrentes e observar o que eles estão a fazer. É importante manter um equilíbrio com o uso de hashtags, porque quando se abusa dele o conteúdo perde valor, tudo deve ser aplicado com sentido, desde que tenha a ver com o conteúdo não haverá problema, há muitas ferramentas para encontrar as mais actuais para a sua categoria e para se posicionar juntamente com a tendência.

Como utilizar o TikCode para aumentar os seguidores?

As opções e amplitudes do Tik Tok continuam a crescer para apresentar um grande cenário para obter um alto nível de popularidade, é por isso que esta aplicação oferece a função de utilizar o TikCode de forma a poder partilhar melhor um utilizador, é por isso que é importante saber como implementar esta alternativa.

A fim de conseguir que outras pessoas o sigam, a opção TikCode é uma grande acção a esgotar para atingir o nível esperado, o que facilita não ter de dar ou emitir um utilizador para ser conhecido, só tem de partilhar o código atribuído à sua conta para ser digitalizado e assim chegar a mais pessoas à sua conta.

O TikCode é um código que é emitido de forma personalizada, através do qual pode partilhar este tipo de apresentação para que outras pessoas o possam seguir, é uma óptima forma de se dar a conhecer, a acção de escrever ou inserir texto é coisa do passado, por esta razão só tem de apontar o dispositivo para o código.

O TikCode funciona de forma semelhante ao QR code, por isso, quando é feita uma digitalização, o perfil aparece imediatamente para que possa ser seguido no Tok Tik, este tipo de forma é muito mais eficiente e outros não podem perder tempo, mas segui-lo directamente.

Os benefícios da utilização do TikCode

A utilização do TikCode gera vantagens importantes para que a aplicação possa ser utilizada em todo o seu potencial, as mais importantes das quais são as seguintes:

Não há risco em partilhar o TikCode de que se enganem ou de que haja confusão ao segui-lo.

Não precisa de ditar ou escrever o seu nome de utilizador.

Pode descarregar este código para o imprimir e utilizá-lo como uma carta de apresentação em qualquer circunstância.

Com a imagem do código pode partilhá-lo em redes sociais.

Este tipo de código é uma apresentação rápida e demora apenas alguns minutos.

Na Instagram também pode criar um código QR na forma como pretende personalizar a sua identidade nas redes sociais, para o fazer com o TikCode só tem de o utilizar como imagem do seu perfil, isto é automaticamente configurado, a presença em cada rede social é muito importante.

Para utilizar este código deve criar um atalho através da conta Tik Tok, para entrar na secção "Eu", esta surge a partir do perfil da aplicação, depois nas definições do mesmo, no canto inferior direito deve tocar nesses três pontos para abrir as definições e a secção de privacidade para o encaminhar para TikCode.

Ao efectuar estes passos de configuração pode ver o seu TikCode que se encontra ao lado da sua imagem de perfil, depois no fundo tem as opções para guardar o código QR ou digitalizá-lo, assim que conseguir guardar o código pode descarregar o TikCode como uma imagem na sua própria galeria.

Como funciona o algoritmo do Tok Tik?

O funcionamento do Tik Tok desperta grande curiosidade e atenção em muitos utilizadores, especialmente se se pretende conquistar popularidade dentro deste meio, por isso é necessário aplicar certos truques para aprender mais sobre os utilizadores que compõem esta plataforma.

O algoritmo do Tik Tok é muito semelhante ao de outras redes sociais, embora tenha certas características inovadoras, uma vez que a maioria das plataformas tem em conta os gostos de cada perfil com base nas interacções e no tipo de contas que seguem, mas no caso do Tik Tok é diferente.

O método da Tik Tok baseia-se na experiência do utilizador, pelo que se concentraram no aperfeiçoamento da pesquisa, em que o principal interesse é conhecer cada utilizador de perto e que continua a coincidir com as outras redes sociais, mas a sua revisão inclui motores de pesquisa para encontrar as preferências por detrás dos conteúdos e interacções.

Uma vez que cada utilizador faz um comentário ou segue um utilizador, é gerado um input para que o sistema possa detectar o que lhe agrada, isto faz parte do conhecimento desta rede social para aproveitar ao máximo as suas funções como ferramenta, a incursão no seu algoritmo é importante.

A diferença com a dinâmica de outras redes sociais baseia-se na tomada em consideração de outros tipos de factores, isto porque analisam outros tipos de dados, procurando aprofundar os gostos de cada utilizador, é muito mais do que conhecer um perfil, a intenção é omitir informação que não motiva qualquer reacção na alimentação.

As principais novidades que emergem sobre o funcionamento do algoritmo Tik Tok são as seguintes considerações:

A interacção que cada utilizador tem com os vídeos que gostou e partilhou: o sistema acompanha estas acções e mesmo que o utilizador chegue ao fim do vídeo ou apenas procure o próximo, para gerar uma classificação sobre o conteúdo ideal para o seu interesse.

Os comentários feitos por um utilizador: Tik Tok conhece melhor cada interacção com cada tipo de utilizador para ter a vantagem de encontrar rapidamente o conteúdo que deseja ver, actua como uma espécie de personalização.

No caso de conteúdo gerado pelo utilizador: A rede social é responsável pela classificação de cada um dos interesses com base no conteúdo, estilo e mesmo design, tudo o que é publicado no feed é considerado como uma espécie de identidade do utilizador.

Informação em vídeo: A plataforma realiza um estudo profundo sobre todos os detalhes do vídeo, dentro do qual são consideradas legendas, hashtags, e também sons, todos estes elementos podem fazê-lo sobressair dentro desta rede social, é necessário dedicar-lhe atenção.

Configurações do dispositivo e da conta: Os dados linguísticos sobre a conta e o país em que se encontra, juntamente com o dispositivo que está a utilizar, são considerados pelo algoritmo de Tik Tok, embora não seja tão decisivo como outros factores.

A plataforma Tik Tok também emite certos estudos a considerar, porque consegue detectar padrões repetitivos, isto porque o principal que a rede social procura é manter o tédio dos utilizadores afastado, pelo que esta é uma grande vantagem que se instala para entrelaçar o conteúdo de uma forma melhor para compreender o que o utilizador adora.

O movimento principal desta rede social faz com que não se veja conteúdos repetidos, muito menos vídeos sem som, e se isso não for suficiente, dentro da alimentação exclui todo o tipo de conteúdos que já tenha visto, ou qualquer outro que seja classificado como SPAM, é uma empatia dar prioridade ao divertimento.

O foco desta rede social baseia-se em manter cada utilizador ligado à plataforma, proporciona também uma perspectiva de ter contacto com mais experiências, a proporção de novas ideias e diferentes tipos de criadores é o tema principal.

Dominar o algoritmo do Tok Tik

A fórmula mágica para obter um melhor posicionamento no algoritmo Tik Tok é as seguintes estimativas:

Cada vez mais se lhe agrada mais.

Gerar mais comentários.

Publicar primeiro antes de outros conteúdos semelhantes.

Ter mais seguidores.

Inserir sons que sejam genuínos ou originais.

A compreensão desta medida controla o funcionamento desta rede social para alcançar o sucesso esperado, embora outros factores adicionais, tais como o histórico do utilizador, acções do dispositivo e também a localização possam intervir, é uma medida personalizada, mas na plataforma o mais importante é obter gostos.

Face a uma tendência, pode haver um empate num vídeo, e a forma de destacar um do outro é através dos comentários, o resto é considerar o número de seguidores, para além do filtro de uma língua, o factor a considerar é a medida do número de vídeos entre os conteúdos que se pode criar.

Desde que o som seja original, será sempre posicionado em primeiro lugar, por isso é um ambiente inteiramente dedicado à criatividade, porque quanto mais se pode inovar, melhores resultados se acabam por produzir, esta é uma oportunidade embora estas regras possam ser quebradas com vídeos com a etiqueta oficial.

Truques ideais para os seus vídeos Tok Tik

Para além do funcionamento básico do Tik Tok, é valioso conhecer truques que abrem todas as alternativas para cobrir tudo o que a rede social oferece, onde se destacam os seguintes pontos:

Como gravar os duetos no Tok Tik

Uma modalidade atractiva dentro das redes sociais é uma dupla, qualquer utilizador que possa oferecer este tipo de interacção proporciona um melhor impacto, especialmente quando é feita através de uma colaboração com um influenciador, tudo consiste em recriar um vídeo que tem diálogos, para que a outra pessoa possa assumir o outro papel.

Este tipo de acção ou conteúdo pode efectivamente tornar-se viral, embora seja necessário ter acesso a vídeos que tenham a opção de permitir duetos, apresentando assim uma impressão muito mais divertida, e os seguidores de ambas as contas podem encontrar este tipo de conteúdo para crescerem juntos.

Como se desenrolam as reacções no Tok Tik

Dentro da importante variedade de funções do Tik Tok são as reacções, esta é uma forma de interagir que liga muitos utilizadores, isto é realizado através de um simples clique para conseguir pressionar a opção de partilhar que está apenas na secção onde surge a opção de "reagir" para registar o comentário.

Como as transições são utilizadas

Um dos elementos da moda dentro do Tik Tok são as transições, um dos efeitos que causou alucinações sobre qualquer pessoa é a famosa "mudança de roupa", tudo graças ao facto de esta rede social permitir num segundo obter este tipo de efeito de uma forma simples, tudo isto é desenvolvido através do temporizador.

Para gravar sobre o mesmo clip o que tem de fazer é manter o dispositivo na mesma posição, e depois começar a gravar o próximo vídeo quando mudar de roupa, mantendo a mesma posição de antes, dessa forma pode jogar e explorar com as transições, isto e muito mais pode ser feito a partir do Tok Tik.

Toda a variedade de efeitos é de topo para que cada marca ou objectivo pessoal tenha uma visão muito mais criativa, é uma forma dinâmica de se apresentar ao mundo com estilo, é uma acção diferente para mostrar um conteúdo exclusivo e para ganhar o gosto do público.

Como carregar o seu próprio áudio no Tok Tik

Ao publicar conteúdo no Tok Tik tem a opção de inserir o seu próprio áudio sem qualquer problema, este tipo de originalidade é muito bem recebido pela candidatura, ajuda a subir para uma melhor taxa de tráfego, pelo que é uma acção importante ter o tipo de visibilidade de que necessita, só tem de executar estes passos:

Grave um vídeo no Tok Tik usando a sua voz.

Publicar o vídeo em privado.

Pode regravar o vídeo, mas deve ir para o vídeo privado que tem a sua voz, e pode começar a utilizá-lo livremente.

Deve nomear a voz porque desta forma pode posicioná-la no Google para uma maior interacção.

Aprender como efectuar a dobragem

A forma como Tik Tok trabalha com a dobragem é interessante para criar todo o tipo de cenas, onde o primeiro passo fundamental é aprender muito bem o que se pretende simular para que mais tarde se possa vocalizar livremente, desde que se tenha o diálogo em mente, não terá qualquer problema.

É melhor usar uma velocidade lenta para o som, para que quando este for publicado tenha uma visão à velocidade normal e esteja no mesmo ritmo do áudio original, para que nada se perca, é simples mas muito eficaz este tipo de alternativa, para que não se desista desta interacção.

Como integrar texto nos seus vídeos em movimento

O melhor do Tok Tik é que dentro das suas funções ou opções pode adicionar textos com facilidade, estes podem desaparecer e aparecer sem problemas, esta personalização ajusta-se ao ritmo da música livremente, uma vez gravada, seleccione o ícone "A" para organizá-la no vídeo, e quando pairar sobre os diálogos pode escolher a duração.

Como adicionar voiceover aos seus vídeos

Um dos efeitos fixes que Tik Tok oferece é a opção de gravar livremente a sua voz-off, esta integração faz com que um vídeo obtenha um grande resultado, é compatível para tuto-riais, explicações e qualquer tipo de cena gráfica que neces-site de um acompanhamento sonoro.

Como ajustar e editar um vídeo dentro do Tok Tik

Ao utilizar o Tik Tok é importante que possa esquecer as aplicações externas, pois tudo está integrado nas suas opções, entre as quais a edição de clips, com uma impor-tante variedade de filtros, faz parte da oferta desta rede so-cial.

Lista de verificação antes de carregar um vídeo

Os passos anteriores para fazer um vídeo tal como se pre-tende e com grande visibilidade são muito importantes, entre os quais se destacam as seguintes medidas:

Integrar a música antes de gravar o vídeo, a duração espe-rada é de 15 segundos, caso contrário será cortado.

É importante que os textos que são inseridos no vídeo pos-sam ocupar uma área central ou lateral que não possa ofus-car o conteúdo, o importante é que ele leia bem.

Inspeccionar a cópia que faz parte do vídeo, depois de pu-blicada esta não pode ser editada e cria mais problemas.

Utilizar cerca de 3 a 6 hashtags para que o vídeo possa ter o alcance e a visibilidade esperados.

É importante integrar a capa com o vídeo para chamar a atenção para a alimentação.

Utilizar frases como chamadas à acção para obter comentários e interacção.

Limitações presentes no Tok Tik

Antes de fazer parte da Tik Tok é essencial conhecer a fundo os passos ou acções que não pode realizar para não se meter em problemas; em primeiro lugar, só pode seguir 200 contas por dia, não pode adicionar dois sons no mesmo vídeo, em alguns casos os efeitos variam para cada tipo de conta e só pode adicionar 500 sons por dia.

Utiliza música patrocinada por Tik Tok

Quando se procura uma conta com maior alcance, é importante encontrar áudios patrocinados pela Tik Tok, estes áudios têm um ícone azul que significa que são patrocinados, esta é a melhor forma de ganhar visibilidade.

As melhores aplicações para conseguir seguidores no Tok Tik

O aparecimento de aplicações para ganhar seguidores no Tik Tok tem muito a ver com toda a comoção que esta rede social gerou, mas é importante saber quais são as mais eficazes ou as falsas, para que não perca o seu tempo e possa crescer à medida que aspira dentro desta rede social.

Actualmente existe uma infinidade de aplicações a crescer exponencialmente no Tik Tok, os métodos têm-se diversificado todos os dias, o importante é tomar como requisito principal a obtenção de verdadeiros seguidores, e sem ter de pagar, estas são duas estimativas a considerar.

É importante ter em conta que muitas aplicações proporcionam seguidores temporários, por isso é uma ajuda primária que precisa de ser reforçada com atenção e constância para não ser negligenciada, para que tenha um perfil e uma assistência que o conduza ao caminho certo dentro desta rede social.

Dentro da Play Store existem milhares de opções de aplicações para Android, por isso para lhe poupar más experiências nesta rede social pode escolher entre as seguintes alternativas a que melhor satisfaz as suas necessidades:

Novo BoostLike

Esta aplicação funciona em inglês mas isto não será um problema porque as suas opções são fáceis de utilizar, isto porque a interface é intuitiva e responde às suas necessidades, graças às suas funções pode aumentar o número de seguidores e mesmo os gostos dos vídeos que faz.

Mais de 50.000 utilizadores descarregaram e utilizaram esta aplicação, e não ocupa muito espaço no seu dispositivo, uma vez que pesa 4 MB, por esta razão existem várias facilidades para a instalação da aplicação, e pode ser associada a várias contas Tik Tok ao mesmo tempo para lançar as suas funções.

Ventiladores Tik Booster

O funcionamento dos fãs do Tik Booster é ideal para aumentar o número de seguidores no Tik Tok, é uma aplicação totalmente gratuita que ajuda a ganhar gostos e até a ter verdadeiros fãs para que se possa criar um perfil ideal dentro desta rede social, além disso, há a função de obter comentários sobre os vídeos.

A dinâmica desta aplicação baseia-se num follow x follow, pelo que deve seguir os utilizadores que estão por detrás de uma lista fornecida pela aplicação, e isto devolverá instantaneamente o follow, é uma troca de ter uma audiência real para ter um perfil muito mais atractivo.

Realfollowers.ly

Em terceiro lugar está Realfollowers.ly, uma opção muito popular dentro da comunidade de utilizadores de Tik Tok, isto porque o seu funcionamento é diferente, pois é responsável por realizar e operar através de uma análise da conta e de cada um dos seus seguidores para emitir recomendações de hashtags.

Quando faz um post, pode usar estas etiquetas para ganhar mais visibilidade entre os utilizadores e tornar-se um influenciador, o melhor é que não precisa de um registo prévio, não precisa sequer de fornecer mais informações sobre a sua conta, é seguro e dá-lhe estratégias para se tornar viral nesta rede social.

TikBooster

O TikBooster é uma das aplicações mais apreciadas para conseguir seguidores, de facto lidera o ranking deste tipo de aplicações em muitos websites, as suas funções são muito simples de utilizar, e tem também um jogo de cartas integrado, através do qual atribui o número de fãs que ganha e estes são adicionados à sua conta em apenas 24 horas.

Para começar com esta aplicação basta introduzir o seu nome de utilizador para que a aplicação possa atribuir à sua conta os novos seguidores que ganhou, por este motivo não corre qualquer tipo de risco, pode utilizar esta aplicação com total segurança e é divertida devido ao seu rápido funcionamento.

TikFame

Entre estas aplicações Android, o TikFame surge para o apoiar a ser famoso dentro desta rede social, permite-lhe ganhar até mais de mil seguidores reais todos os dias, as suas funções são totalmente gratuitas, para além da extensão de recomendações para que ganhe um maior nível de popularidade nesta rede social.

Ao utilizar esta aplicação pode encontrar os hashtags que melhor se adequam ao tema do seu conteúdo, isto permite-lhe criar melhores reacções aos seus vídeos e continuar a subir nesta rede social, outro tipo de truque que tem é a opção de falsificar as suas estatísticas para ter um perfil mais enérgico.

TikLiker

TikLiker é uma das aplicações certas para crescer no Tok Tik, se procura ganhar muitos "Gostos" este é o meio de que necessita, também gera comentários sobre o conteúdo que publica no Tok Tik, no caso de ganhar seguidores esta opção é activada através de um sistema de jogo que atribui as suas oportunidades.

A utilização desta aplicação é completamente gratuita, no meio do jogo ganha moedas que lhe permitem realizar mais funções como a análise do seu perfil, além de seguir de perto o seu perfil para emitir hashtags para melhorar o alcance desta rede social.

Ferramentas Vip

Uma grande aplicação para ter um grande número de seguidores é o Vip Tools, tem funções e ferramentas importantes após um simples download, a sua missão é dar-lhe mais vistas, juntamente com seguidores ou apreciadores, a isto acrescenta-se a opção de obter informações sobre outros utilizadores.

A implementação desta aplicação é implementada simplesmente introduzindo o nome do seu utilizador, para oferecer uma grande parte da informação, depois pode contar com a acção de seguir cada um destes utilizadores de uma só vez ou ser mesmo um pouco mais selectivo, as opções estão à sua disposição.

É seguro utilizar aplicações para ganhar seguidores no Tik Tok?

A maioria das aplicações tem um valioso nível de segurança para as utilizar e ganhar seguidores no Tik Tok, contudo a principal precaução que deve tomar é não revelar a sua palavra-passe por qualquer razão, também quando um anúncio ou opção de pagamento aparece é importante verificar se é oficial, a maioria delas são gratuitas.

Como obter mais gostos no Tik Tok?

Para ter a admiração e atenção de mais utilizadores no Tik Tok, é necessário concentrar-se antes de mais na criação de conteúdos de topo, desta forma pode obter um melhor encanto para os seus seguidores, para que possa começar a dar a cada utilizador o que ele quer, quanto mais conteúdo, mais gosta nos posts.

Soluções de hack para ganhar seguidores

Para obter um nível de presença mais elevado no Tok Tik pode utilizar certas ferramentas de terceiros que o ajudarão a atingir o nível que espera, estas são as que deve conhecer e utilizar:

Media Mister

Media Miser é um aliado para gerar uma grande presença nas redes sociais, cada conta pode ser habilitada com estas funções, os seus serviços são dirigidos aos utilizadores do Facebook, Instagram, YouTube e, claro, Tik Tok, o seu objectivo é obter gostos, seguidores e até análises sobre a conta. Pode encontrar serviços promocionais através desta ferramenta, sendo uma grande contribuição para partilhar a conta Tik Tok noutras redes sociais e ganhar tráfego dentro do seu conteúdo, deverá conhecer esta alternativa para melhorar a sua presença dentro desta rede social e combiná-la com o seu valioso conteúdo.

TikTokFans

Esta é uma opção para que possa melhorar o número de seguidores e também ter esse tipo de seguimento, as suas funções são gratuitas e fornece estatísticas para que possa reparar no número de seguidores que vivem, onde também pode comparar a margem do que ganhou e a actividade que gera.

Grabsocialer

Grabsocialer é um website que o apoia na conquista de um maior número de seguidores, mas é também um serviço dedicado de alojamento de marketing nas redes sociais, esta plataforma gratuita fornece uma extensa assistência para assegurar que não descure o dever de captar bons conteúdos.

Trollishly

É uma ferramenta dedicada à melhoria dos seguidores dentro da Tik Tok, tem uma grande escolha de pacotes para que possa escolher o que melhor se adapta às suas necessidades, em menos de uma hora pode começar a desfrutar das melhores características para crescer exponencialmente nesta rede social.

O Cultivador Social

The Social Grower é um site destinado a ajudá-lo a ter mais relevância na sua conta, esse nível de popularidade que procura está neste site que tem importantes serviços de consultoria para também encontrar soluções sobre design e marketing na web.

SocialPromoter

A alternativa SocialPromoter é responsável por oferecer truques aos utilizadores para aumentar o número de likes no Tik Tok com total liberdade, esta fonte de serviços online é uma óptima alternativa para levar a cabo estratégias de marketing para conseguir rentabilizar os vídeos.

Tiktok Guru

Utilizar Tiktok Guru é um truque ideal que pode empregar para impulsionar a sua escalada a mais seguidores, o seu funcionamento é inteiramente online e não terá de fazer qualquer download, para que possa comprar gostos ou ter acesso à subscrição que se adapte às suas necessidades.

SMMPortal

É uma ferramenta para o ajudar a ganhar seguidores, e existem vários pacotes que pode comprar para o utilizar como uma espécie de reforço nas outras plataformas sociais, o essencial é que possa cuidar da sua presença de todas as formas.

Onde comprar gostos, seguidores e opiniões para Tik Tok

As opções para comprar essa interacção de que precisa para crescer no Tik Tok são muito diversas e é preciso ter mais segurança para o fazer, desta forma pode tirar partido do tráfego gerado por uma aplicação que faz parte da tendência global, para que possa desfrutar da amplitude desta plataforma para a sua marca.

Tik Tok é uma aplicação em que vale a pena investir, é um salto no Facebook, Instagram e Twitter, e é mais simples como um serviço de partilha de vídeo, abre uma grande oportunidade para ser criativo e fazer crescer uma mensagem comercial ou a sua própria carreira como um influenciador.

Os dados da BBC mostram que esta rede social produz um rendimento anual de $26 a $32.000, pelo que é um lucro que se torna uma grande atracção, pelo que é uma grande opção para investir na compra de gostos, opiniões e também seguidores, são acções básicas que o fazem descolar no melhor sentido.

Mas o efeito de entretenimento também se torna atraente, juntamente com a opção de gerar dinheiro, mas para isso é necessário trabalhar e optar por todos os meios para subir em direcção a uma grande quantidade de "gostos", pontos de vista e seguidores, que é a fórmula para obter mais presença e pode investir nela através destas opções:

TokSocial

A alternativa TokSocial é uma óptima forma de encontrar serviços que não enviem spam, com esta acção não terá de se preocupar com seguidores falsos, tudo graças ao facto de que só contas reais seguirão a sua conta, por esta razão é uma ferramenta paga que gera garantias.

Tik social

Esta ferramenta garante que continua a crescer dentro desta rede social, pode escalar outro nível com os resultados da presença que proporciona, também não terá de se preocupar com quaisquer questões, uma vez que expõem um apoio incondicional, isto é acoplado a um sistema de entrega rápida para o manter a crescer no mundo desta plataforma.

Viraholic

A capacidade do Viraholic ajuda-o a obter outro nível de impressão através dos seus diferentes pacotes de serviços, estes podem ser TikTok Starter, TikTok Influencer ou TikTok Future Star, os preços são variados de acordo com cada função oferecida por estes pacotes, para que possa escolher confortavelmente.

TokUpgrade

Uma grande recomendação para encontrar gostos, opiniões e seguidores na Tik Tok é TokUpgrade, é uma óptima plataforma de marketing, é um dos sites com melhores preços, pode encontrar respostas para os seus vídeos para nivelar e até expandir a sua audiência online.

Leo Boost

Leo Boost é um dos serviços particulares devido aos seus métodos de pagamento, uma vez que não tem a disponibilidade com PayPal, mas é ainda uma grande opção para reter mais interacção, especialmente quando se pretende crescer como influenciador, é um bom começo para que o seu canal seja ideal.

Musicalmente Po

Esta empresa não é muito conhecida no mercado mas quando se procura opções baratas esta é a solução, uma vez que os seus custos começam a partir de $1,99 onde os serviços são geridos rapidamente para que tenha uma entrega viável, deve prestar atenção a este website para criar uma identidade em Tik Tok,

O Tok Tik rompe qualquer barreira

O funcionamento da aplicação é altamente viciante, especialmente nos últimos anos, onde tem um elevado potencial para ser uma plataforma ideal onde pode desenvolver formas de marketing que se enquadrem no seu tema, e acima de tudo é a presença nas redes sociais que necessita.

O conteúdo de valor da Tik Tok pode fazer de si um grande influenciador, bem como ajudar uma marca a atingir o nível que espera, tudo graças à ligação criativa que é produzida com cada utilizador directamente, especialmente pelo acompanhamento que pode ser feito com produtos publicitários.

Para alcançar mais lugares no mundo, esta rede social é uma alternativa brilhante, onde o principal é ter em conta a sua oferta para explorar as funções desta aplicação, criando este nexo, pode crescer e rentabilizar o mais rapidamente possível, onde o essencial é manter a conta cheia de conteúdo.

Com tantos mercados emergentes, é importante considerar este tipo de aplicação, porque o seu conteúdo pode tornar-se viral com muito pouco esforço em comparação com o passado, a publicidade inovou a um nível elevado com a inclusão do vídeo, de modo a não sobrecarregar a audiência, mas sim a ser agradável e alcançar o efeito esperado.

Outros títulos de Red Influencer

Segredos para os Influenciadores: Growth Hacks para Instagram e Youtube

Segredos práticos para ganhar assinantes no Youtube e na Instagram, Building Engagement e Multiplying Reach

Está a começar a ganhar dinheiro com Instagram ou Youtube?

Neste livro encontrará Hacks para aumentar o seu alcance. Segredos para Influenciadores directos e claros, tais como:

Automatizar postos Instagram
Como gerar tráfego no Instagram, truques de 2020
Algoritmo Instagram 2020, aprenda tudo o que precisa de saber
Dicas Instagram para melhorar a interacção com os nossos seguidores
18 Formas de ganhar seguidores no Instagram de graça
Aprenda connosco a rentabilizar o seu perfil Instagram
Sítios-chave para conseguir seguidores Instagram rapidamente
Instagram Tendências 2020
Guia 2020: Como tornar-se um youtuber
Como tornar-se um Jogador Youtuber
2020 Hacks para mais assinantes do YouTube
Hacks para classificar os seus vídeos no YouTube em 2020
Hack for Youtube, Botão Mudar Pausa para Botão de Subscrição

Um livro que lhe mostrará tanto os aspectos gerais como o que é preciso para ganhar a vida como influenciador.

Lidamos abertamente com tópicos como a compra de seguidores, e os hacks para melhorar a interacção. BlackHat estratégias na ponta dos dedos, que a maioria das agências e influenciadores não se atrevem a reconhecer.

Na Red Influencer há mais de 5 anos que aconselhamos os MicroInfluenciadores como você a criar a sua estratégia de conteúdo, para melhorar o seu alcance e impacto nas redes.

Se quiser ser um influenciador, este livro é obrigatório. Terá de desenvolver conhecimentos sobre plataformas, estratégias, públicos e como alcançar a máxima visibilidade e rentabilizar a sua actividade.

Temos experiência com Influenciadores de todas as idades e assuntos, e você também pode ser um.

Obtenha este livro e comece a aplicar os segredos profissionais a Gain Followers e Become an Influencer.

Este é um guia prático para Influenciadores de nível intermédio e avançado, que não estão a ver os resultados esperados ou que estão a estagnar.

Estratégia e envolvimento são tão importantes como o volume de assinantes, mas existem Hacks para os impulsionar, neste guia encontrará muitos deles.

Quer queira ser um Youtuber, Instagrammer ou Tweeter, com estas estratégias e dicas pode aplicá-las às suas redes sociais.

Sabemos que ser um Influenciador não é fácil e não vendemos fumo como os outros, tudo o que encontrará neste livro é a síntese de muitas histórias de sucesso que passaram pela nossa agência.

O Influencer Marketing está aqui para ficar, independentemente do que disser. E há cada vez mais embaixadores de marca. Pessoas que, como você, começaram a trabalhar na sua marca pessoal e a visar um nicho específico.

Desvendamos em pormenor todos os segredos do sector que movimenta milhões!

Poderá aplicar as nossas dicas e hacks às suas estratégias de Social Media para aumentar o CTR, melhorar a lealdade e ter uma estratégia sólida de conteúdo a médio e longo prazo.

Se outros foram capazes de rentabilizar com perseverança, dedicação e originalidade, você também o pode fazer!

Na nossa plataforma redinfluencer.com temos milhares de utilizadores registados. Um canal de contacto através do qual pode oferecer os seus serviços num mercado de revisões de marcas, e que receberá periodicamente ofertas no seu e-mail.

www.ingramcontent.com/pod-product-compliance
Lightning Source LLC
LaVergne TN
LVHW051538050326
832903LV00033B/4312